cbj ist der Kinder- und Jugendbuchverlag
in der Verlagsgruppe Random House

Umwelthinweis:
Das für dieses Buch verwendete FSC-zertifizierte Papier
LuxoSamt Offset von Biberist liefert SchneiderSöhne.

Gesetzt nach den Regeln der Rechtschreibreform

1. Auflage 2009

Umschlagbild und Innenillustrationen: Julia Ginsbach
Foto Vorwort: © »Power-Child e.V.«
Text in Zusammenarbeit mit: Sarah Bosse-Berger
Umschlaggestaltung: Basic-Book-Design, Karl Müller-Bussdorf
Lektorat: Hjördis Fremgen
hf · Herstellung: SH
Satz und Reproduktion: Lorenz & Zeller, Inning am Ammersee
Druck: Himmer AG, Augsburg
ISBN 978-3-570-13639-3
Printed in Germany

www.cbj-verlag.de

Veronica Ferres

Fass mich nicht an!

Mit Illustrationen von
Julia Ginsbach

cbj

© Sabine Brauer

**Liebe Kinder, liebe Eltern,
»Fass mich nicht an!« – wenn ein Kind diesen Satz laut und bestimmt ausspricht, dann ist es selbstbewusst und weiß, dass niemand die Grenzen seines Körpers überschreiten darf.**

»Fass mich nicht an!« ist der Titel des zweiten Bilderbuches für Euch, liebe Kinder, und Sie, liebe Eltern, das in Zusammenarbeit mit Power-Child e.V. entstanden ist und mit dessen Hilfe wir das Gespräch über die Gefahren von sexuellen Übergriffen erleichtern möchten.

Über den Erfolg unseres Vorgängerbandes »Nein, mit Fremden gehe ich nicht!« habe ich mich sehr gefreut, vor allem über die Auszeichnung der Deutschen Akademie für Kinder- und Jugendliteratur, die große Nachfrage und die zahlreichen Zuschriften: Viele Leser berichteten uns, dass nach dem gemeinsamen Lesen das Thema »sexuelle Gewalt gegen Kinder« in den Familien angesprochen werden konnte.

Als Botschafterin von Power-Child e.V. liegt mir dies besonders am Herzen – und deswegen war es für mich auch eine Selbstverständlichkeit, dass auf »Nein, mit Fremden gehe ich nicht!« ein weiteres Buch folgen sollte.

In »Fass mich nicht an!« dreht sich alles um Alltagssituationen, wie sie viele Kinder und wohl auch manche Eltern kennen: Jonas mag den Schul-Schwimmunterricht nicht und trödelt deswegen in der Umkleide. Ein älterer Junge kommt hinzu. Sie plaudern. Doch dann fängt der Zehntklässler an, Jonas zu bedrängen …

Power-Child e.V. hat sich zum Ziel gesetzt, das Selbstbewusstsein von Kindern zu stärken, damit sie in Übergriffssituationen, wie sie Jonas hier erleben muss, selbstbewusst »NEIN« sagen, so lange Krach machen und nach Hilfe rufen, bis diese kommt.
Und vor allem sollten Kinder offen und ohne Scham mit ihren Eltern über einen solchen Übergriff sprechen können.
Kinder sollen unbeschwert und glücklich aufwachsen. Dazu brauchen sie unseren Schutz – in der Familie und auch in der Gesellschaft. Leider ist dies keine Selbstverständlichkeit.
Deswegen engagiere ich mich seit Gründung für den Power-Child e.V. Zu den Hauptzielen unseres Vereins zählt, das Selbstbewusstsein von Kindern zu stärken und das Bewusstsein für ihr Recht auf körperliche Selbstbestimmung zu fördern.
Prävention gegen sexuelle Gewalt beginnt bei den Kindern selbst.
»Fass mich nicht an!« soll einen Beitrag zu diesem Ziel leisten und Kindern wie Erwachsenen ermöglichen, über das Thema sexuelle Gewalt individuell ins Gespräch zu kommen.
Damit möglichst viele Kinder eine unbeschwerte und glückliche Kindheit genießen können.

Viel Spaß bei der Lektüre!

Ihre

Einmal im Monat geht Jonas‘ Klasse ins Schwimmbad. Jonas mag diese Tage nicht. Der Weg zum Hallenbad ist weit und die Kinder müssen ihre Schwimm- und Schulsachen alle alleine mitschleppen.

SCHWIMMBAD
EINTRITT
SAFARI

Beim Umziehen in der Umkleidekabine sollen sie sich beeilen, weil sie insgesamt nur zwei Stunden Zeit haben. Auch das findet Jonas blöd. Außerdem friert er immer, wenn er in der Badehose die große Schwimmhalle betritt. Und dann sollen sie auch noch kalt duschen, bevor sie ins Wasser gehen.

Jonas ärgert sich, dass er noch nicht richtig schwimmen kann. Mit den anderen Nichtschwimmern muss er in dem Teil des Beckens bleiben, wo sie noch stehen können. Herr Lehmann hat keine Zeit, den Nichtschwimmern das Schwimmen beizubringen, weil er die Schwimmer

beaufsichtigen muss, die im tieferen Wasser das Tauchen üben. An die Nichtschwimmergruppe, die von Sarahs Mama beaufsichtigt wird, verteilt Herr Lehmann Schwimmbretter. Damit sollen sie komische Beinübungen machen. Jonas kommt sich vor wie im Kindergarten.

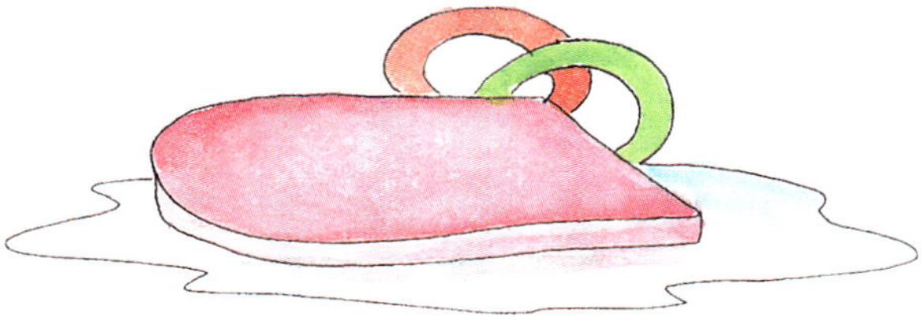

»Ganz schön doof, diese Idioten-Übung«, schimpft auch Gerrit, als er mit dem Schwimmbrett unter dem Bauch wie ein Frosch an Jonas vorbeistrampelt.
»Und wie lange sollen wir den Quatsch jetzt machen?«, fragt Jonas und wirft dem Lehrer einen fragenden Blick zu, aber der hat nur Augen für die Taucher.
Es dauert nicht lange, bis Gerrit und Vincent anfangen, Blödsinn zu machen. Gerrit ist der »Weiße Hai«. Er liegt auf seinem Schwimmbrett, strampelt wie wild und pflügt blitzschnell durchs Wasser. Er verfolgt Vincent. Aber Vincent wehrt sich gegen den Angreifer.
»Yippie!«, schreit er und haut das Schwimmbrett auf die Wasseroberfläche, um Gerrit nass zu spritzen. Doch Gerrit kann entkommen.
Jonas sieht das hellblaue Schwimmbrett, mit dem Vincent durch das Wasser tobt, direkt auf sich zukommen und reißt die Arme hoch. Zu spät. Das Schwimmbrett trifft ihn direkt in den Bauch. Jonas strauchelt, fällt um und versinkt in den Fluten. Wasser dringt ihm in Nase und Ohren.
Hustend stellt sich Jonas wieder auf und wischt sich das Wasser aus dem Gesicht.
»Hey, du Idiot!«, brüllt er Vincent an.
Doch der lacht ihn nur aus. »Jonas ist ein Mädchen! Jonas ist ein Mädchen!«

»Hört auf mit dem Unsinn! Vincent, Gerrit, Jonas!«, ruft Herr Lehman vom anderen Beckenrand herüber.
Doch sobald der Lehrer sich wieder umgedreht hat, holt Gerrit mit der Hand aus und klatscht Jonas noch eine Ladung Wasser ins Gesicht. Er lacht wie ein krächzender Papagei. Wieder schluckt Jonas Wasser und muss husten.
Jetzt reicht es ihm. Er pfeffert sein Schwimmbrett auf den Beckenrand. In diesem Moment erst wird ihm bewusst, dass es pink ist. Ausgerechnet pink! Wie oberpeinlich!

Jonas steigt aus dem Becken und geht zu Herrn Lehmann.
»Darf ich mal eben zur Toilette?«, fragt er.
Herr Lehmann nickt, lässt dabei die tauchenden Schüler jedoch nicht aus dem Auge.
»Ja, aber komm gleich wieder und trödel nicht rum.«

Die Toiletten sind am anderen Ende der Schwimmhalle. Man muss durch die Umkleideräume hindurchgehen. Jonas tapst am großen Schwimmer-Becken entlang, wo ein paar ältere Schüler gerade ein Wettschwimmen veranstalten. Die sind bestimmt schon in der zehnten Klasse. Jonas bleibt einen Moment stehen und schaut ihnen zu.
Er findet es toll, wie einer nach dem anderen mit einem Kopfsprung ins Wasser springt und wie sie dann in einem Wahnsinnstempo die Bahnen entlangkraulen. So gut würde Jonas auch gern schwimmen können! Er stellt sich vor, er wäre ein Delphin, der elegant durchs Wasser gleitet. Tausendmal besser wäre das, als mit so einem dusseligen pinkfarbenen Schwimmbrett durch das Nichtschwimmerbecken zu paddeln.

Plötzlich merkt Jonas, dass einer der Jungen ihn beobachtet. Jonas fühlt sich ertappt und spürt, wie ihm das Blut ins Gesicht schießt. Schnell setzt er seinen Weg fort.

In der Umkleidekabine ist niemand. Unter der Dusche oder bei den Toiletten auch nicht. Eigentlich muss Jonas überhaupt nicht. Aber wo er schon mal da ist, geht er auf die Toilette. Jonas beeilt sich, denn im Vergleich zu der warmen Schwimmhalle ist es hier ziemlich kalt. Schnell huscht er mit nackten Füßen durch den Sammelumkleideraum. Plötzlich ruft jemand. Es ist der ältere Schüler, der ihn eben beobachtet hat. Lässig steht er im Umkleideraum neben seinem geöffneten Schließfach.
»Na, hast du auch keinen Bock mehr auf Schwimmen?«

Jonas dreht sich um. Nein, hinter ihm steht niemand. Der große Junge hat tatsächlich ihn gemeint. Jonas weiß nicht, was er antworten soll, und zuckt mit den Schultern.
»Wie heißt du?«, fragt der Junge.
»Jonas«, antwortet er.
»Hast du auch einen Spitznamen? Ein Junge in deinem Alter sollte einen coolen Spitznamen haben!« Der ältere Schüler grinst.
Jonas ist es irgendwie peinlich, dass er keinen Spitznamen hat. Er wird rot.
»Du bist ja kein Baby mehr«, meint der Junge.
»Solltest dir wirklich einen coolen Spitznamen zulegen. Jonny, vielleicht. Was hältst du von Jonny?«
»Hm«, sagt Jonas. »Klingt cool.« Plötzlich fühlt er sich gut. Der Junge hat gesagt, er sei kein Baby mehr. Überhaupt gefällt es ihm, dass ein älterer Junge sich mit ihm unterhält.
»Hier, magst du?« Der Junge hält ihm eine Tüte mit Weingummi-Fröschen hin.
Jonas muss an die doofe Froschübung mit dem Schwimmbrett denken. Trotzdem nimmt er sich einen grün-weißen Frosch.
»Nimm dir ruhig zwei oder drei«, fordert der Junge ihn auf und stopft sich selbst zwei Frösche auf einmal in den Mund.

»Wenn Mädchenklassen hier sind, ist es interessanter«, sagt er mit vollem Mund und grinst breit. »Hast du sie schon mal heimlich beim Umziehen beobachtet?«
Jonas schüttelt hastig den Kopf. Für so was interessiert er sich nicht.
Jetzt nimmt der Junge die letzten Frösche aus der Tüte und knüllt sie zusammen. Er geht an Jonas vorbei und wirft die Tüte in den Mülleimer neben der Tür. Dann gibt er der Tür einen Tritt mit dem Fuß. Sie fällt ins Schloss.
Plötzlich greift sich der Junge zwischen die Beine. Jonas kennt das. Das machen große Jungs und Männer schon mal, wenn sie was zwackt.

Jetzt zwinkert der Junge ihm zu und lächelt, als hätten sie beide ein Geheimnis.
»Und?«, fragt er. »Du und die anderen Jungs aus deiner Klasse … habt ihr schon mal eure Pimmel verglichen, wenn ihr gemeinsam unter der Dusche steht?«
Jonas versteht nicht. Er hat ein komisches Gefühl im Bauch. Ihm wird heiß und schwindelig. Seine Gedanken fahren Achterbahn. Warum spricht der große Junge mit ihm über so was? Jonas weiß, was der Junge mit Pimmel meint. Aber mit einem Fremden über so was zu reden, findet er komisch. Jonas weiß nicht, was er antworten soll, aber er will nicht uncool sein. »Doch, schon«, stammelt er.
Plötzlich kommt der Junge einen Schritt näher. »Das könnten wir ja auch machen. Du zeigst mir deinen und ich zeig dir meinen.«
Jonas hat das Gefühl, als würde sein Herz nicht in der Brust schlagen, sondern in Hals und Kopf. Er hat Angst und das Ganze ist ihm peinlich. Doch plötzlich ist ihm klar: Nein, das will er auf keinen Fall!
Als der Junge merkt, dass Jonas nicht mitmachen will, kommt er noch näher und fasst ihn am Arm. »Na komm schon, zier dich nicht!«
Mit einem Mal merkt Jonas, dass er in der Falle sitzt. Der Junge steht vor der Tür und versperrt ihm den Weg. Was soll er nur tun? Jetzt hört Jonas Stimmen vor der Tür. Da kommt ihm die rettende Idee. Er nimmt all seine Kraft zusammen. »Fass mich nicht an. Ich will das nicht!«, brüllt er, so laut er kann, und versucht, sich loszureißen.

Doch die Finger des Jungen krallen sich schmerzhaft in seinen Arm.

»Wehe, du erzählst das jemandem, dann kannst du was erleben!«, zischt er ihm ins Ohr.

Vor Angst fängt Jonas an zu zittern. In diesem Moment wird die Tür aufgerissen und zwei ältere Jungen kommen hereingepoltert.

»He, Ricky, vergreifst du dich an kleinen Jungs?«, grölen sie und lachen.

Das ist der Augenblick, in dem Jonas sich losreißen und durch die Tür in die Schwimmhalle fliehen kann.
»Du hast aber lange gebraucht«, sagt Vincent kichernd, als Jonas mit Schwimmbrett wieder ins Becken klettert. Jonas antwortet nicht. Herr Lehmann hat gar nicht gemerkt, dass er so lange weg war. Wütend stapft er durch das Wasser, als könnte er mit jedem Tritt die Gedanken an den Jungen in der Umkleidekabine zertrampeln. Aber es funktioniert nicht.
»He, Jonas, du machst die falsche Übung«, sagt Gerrit. »Wir sollen …«
»Mir doch egal«, schnauzt Jonas zurück. Er spürt, wie ihm Tränen heiß hinter den Augenlidern brennen. Aber weinen will er jetzt auf gar keinen Fall.

Auch als sie längst auf dem Heimweg sind, will die Szene aus dem Umkleideraum nicht aus Jonas' Kopf verschwinden. Schweigend trödelt er neben Vincent her.
»Was ist eigentlich los?«, fragt Vincent schließlich. »Seit du vorhin auf dem Klo warst, bist du so komisch?«
Jonas erinnert sich an die Worte des Jungen. Wenn er was verrät, ist er dran.
»Ich darf nix sagen …«, flüstert er.
Jetzt wird Vincent neugierig. »Wie? Du darfst nix sagen?«
Jonas weicht seinem Blick aus. »Ist so eine Art Geheimnis.«
»Ha!«, ruft Vincent. »Tolles Geheimnis, wenn man davon schlechte Laune kriegt! Tolles Geheimnis, wenn man es nicht mal seinem besten Freund erzählen darf! Wir sind doch beste Freunde, oder?«

Jonas spürt einen Kloß im Hals. Vincent hat recht. Jonas nimmt ihn am Ärmel und zieht ihn zur Seite, damit die anderen an ihnen vorbei laufen können.

»Aber du darfst keinem was verraten«, flüstert Jonas.

Und dann erzählt er Vincent, was im Umkleideraum passiert ist.

Vincent starrt ihn mit großen Augen an. »Mensch, Jonas, das musst du deinen Eltern sagen. Sowas darf der nicht tun!«

»Aber er macht mich fertig, wenn ich was sage!«, jammert Jonas.

Vincent schlägt sich mit der Faust in die hohle Hand. »Der will dir doch nur Angst machen, der blöde Fuzzi! Komm, ich geh mit dir. Wir reden mit deiner Mutter.«

Nachdem Jonas‘ Mutter erfahren hat, was im Schwimmbad vorgefallen ist, nimmt sie Jonas in die Arme und sagt: »Ich bin sehr stolz auf dich, Jonas! Du hast alles richtig gemacht! Gut, dass du in der Umkleidekabine laut ›Nein‹ gerufen und andere auf dich aufmerksam gemacht hast. Es war auch ganz toll von dir, dass du so mutig warst, mir alles zu sagen! Jetzt rufe ich sofort in der Schule an, damit eure Direktorin alles Weitere in die Wege leiten kann«, sagt sie.

»Der Junge muss bestraft werden. Denn niemand darf einen anderen anfassen, wenn der das nicht will. Und niemand darf dich drängen oder zwingen, so etwas zu tun, was der Junge tun wollte!«

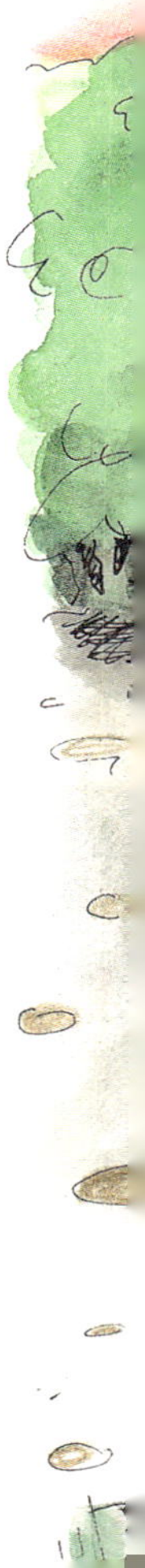

»Aber was ist, wenn dieser Ricky merkt, dass ich etwas erzählt habe?«, fragt Jonas mit weinerlicher Stimme.
»Hab keine Angst, Jonas«, sagt die Mutter. »Die Lehrer, deine Freunde und ich sind bei dir. Bitte geht nur noch zu zweit auf die Toilette. Und ich werde dafür sorgen, dass euch ab sofort mehr Aufsichtspersonen zum Schwimmen begleiten. Jetzt wird alles gut. Wir wäre es mit einem Eis?«
Jonas ist erleichtert. Und zu einem Eis sagt er natürlich nicht Nein. Das wird ihm sicherlich helfen, die blöden Gedanken zu vertreiben.